jouw Eigen Bedrijf starten & succesvol maken.
In de keiharde realiteit, waar 't niemand interesseert

jouw Eigen Bedrijf starten & succesvol maken.
In de keiharde realiteit, waar 't niemand interesseert

Jasmin Hajro

Jasmin Hajro

© 2018 Jasmin Hajro

ISBN :

Omslagontwerp door

Jasmin Hajro

Eerste druk 2018

In dit boek ontdek je :

De bio van ondernemer & auteur Jasmin Hajro

&

boek
jouw Eigen Bedrijf starten & succesvol maken.
In de keiharde realiteit, waar 't niemand interesseert

&

boek Recept voor Geluk

&

Een kleine kennismaking met oprichting Hajro

<u>De bio van ondernemer & auteur Jasmin Hajro,</u>
<u>even kennis maken</u>

Hallo beste lezer,

hoe gaat het ?

Bedankt voor kopen van dit boek.

Mijn naam is Jasmin Hajro, ik ben geboren op 6 juli 1985 in Bosnie.
Als vluchtelingen kwamen we naar Nederland, 21 jaar geleden.
Na school te hebben doorlopen & verscheidene banen...

Heb ik op 17 december 2012, mijn eerste onderneming opgericht:
beleggingsbedrijf Jasko.
Na een succesvol eerste jaar, heb ik helaas de onderneming
moeten sluiten.
Na een korte periode van rust, ww en tijdelijk werk. Begon ik
weer als ondernemer.

Op 1 september 2015, heb ik onderneming Hajro opgericht.
Sinds het begin is de kernactiviteit, het verkopen van setjes
wenskaarten, deur tot deur.
Tegenwoordig is het assortiment uitgebreid.

Met o.a. de verkoop van mijn 13 boeken zoals :

boek Moneymaker & boek Bouw jouw fortuin.

De royalties van mijn boeken worden gedoneerd
aan het Goede Doel : stichting Giveth Life.

Mijn onderneming is tegenwoordig Hajro Groep,

en bestaat uit 20 verschillende dochterondernemingen,

die onderdeel zijn van 1 overkoepelende organisatie.

Voor meer informatie over mijn onderneming &
de stichting, ga naar www.hajrobv.nl

Hallo beste eigenwijze,
hoe gaat het ?

Ja, als je je eigen bedrijf wil starten,
en wil ondernemen...
Dan ben je vast wel een beetje eigenwijs.

En dat is goed.

Dingen horen ook op jouw manier te gaan,
zoals jij wil.
Want het is jouw leven.

Waarschijnlijk kun je er niet goed tegen als
anderen je vertellen wat je moet doen.

En dat is goed.

Jij hoort de dienst uit te maken.
Want het is jouw leven.

Het is van daag woensdag,
als het goed is.

Eigenlijk is het al donderdag,
want het is al 12 uur 's nachts geweest,
een half uur geleden.

Om eerlijk te zijn,
werd ik vanmiddag wat later wakker.
Rond 13 uur en voor ik naar mijn werk ging,
had ik het gevoel dat ik haast doodging.

Maar goed,
ik ben toch gegaan en heb 4 sales gemaakt.
Een sale is een gemaakte verkoop.
Als iemand een cadeaumok voor 5,- euro van mij koopt,
dan is dat 1 sale.

Wat kun je hiervan leren ?

Ten eerste, er zullen dagen zijn dat je je gewoon kut voelt.
Echt zwaar klote,
alsof je de nacht ervoor hebt lopen zuipen.
Maar je drinkt niet eens & voelt je gewoon kut.
Dan disciplineer je jezelf & doet wat je moet doen :
Werken & geld verdienen.

Als ik niet was gegaan,
dan had ik niks verdient.

Wat kun je van dit boek verwachten ?

Ik heb nooit beweerd succesvol te zijn,
maar ik ben het wel.

Want ik heb iedere maand sales gemaakt,
iedere maand, 3 jaar achter elkaar.

En succes meten we met verdiende eurotjes.

Het beste kan ik gewoon eerlijk tegen je zijn.
Jou eerlijk vertellen,
hoe ik mijn bedrijf ben gestart &
hoe ik het succesvol aan het maken ben.

Je kan dan van mijn ervaring leren,
welke dingen je niet moet doen,
welke je wel moet doen,
en waar je meer van moet doen.

Want,
het gebruikelijke recept voor je eigen onderneming runnen is:
je hebt een idee, je wil ermee voor jezelf gaan werken,
je schrijft je in bij de Kamer van Koophandel,

je maakt je website,
je schrijft je Ondernemingsplan.

Je gaat met je ondernemingsplan naar de bank
overtuigt de adviseur (die weinig van ondernemen weet)
en je wordt gefinancierd.
Je krijgt 10 of 20 duizend euro,
om je droom mee waar te maken.

En gaat lekker ondernemen.

Ik ben mijn eerste bedrijf begonnen in december 2012.
Genaamd Jasko.

Ik kon in die eriode moeilijk werk vinden,
en als ik iets zou vinden zou het waarschijnlijk
productiewerk zijn.
Dat wou ik niet voor de rest van mijn leven doen.

En ik hield van financieen en beleggen,
dus begon ik mijn eigen beleggingsbedrijf.

Ik had daarvoor cursussen gedaan, boeken gelezen
en zelf belegd als particulier.
Dus kon ik het ook voor andere mensen gaan doen.
Ik had ook een financieel systeem
om het mee te doen.

Ik heb tegenwoordig een patent voor dat financiele systeem.

Ik heb al die dingen gedaan,
die ik hiervoor had beschreven bij het gebruikelijke recept
voor ondernemen.

Maar ik kreeg geen lening van de bank.

Ik maakte mijn eigen flyers en bezorgde die zelf.
En ik belegde mijn eigen geld eerst

in de portfolio.

Daarna vond ik nog 4 klanten die investeerden.
Mama, papa, mijn zusje en mijn ex vriendin.

Op zijn hoogst zat er 1600,- euro in de portfolio
(de portefeuille)

Ik heb wel 10% rendement uitgekeerd in het eerste jaar.

Maar 10% rendement over 1600,- euro is
160,- winst.
Waar ik een deel van moest uitkeren aan mijn investeerders.

Daar kon ik niet van leven.

Ik heb het wel eigenwijs lang volgehouden,
bijna 3 jaar.

Ik heb ernaast ook folders bezorgd om bij te verdienen.
Ik ben Hajro Klusjes gestart,
om voor mensen huishoudelijke taken te doen
tegen betaling.
En heb een tijd bij Rabelink gewerkt
als lader/losser.

Uiteindelijk heb ik me uitgeschreven bij de Kamer van
Koophandel,

met pijn in het hart.
Ik was erg verdrietig.

Wat kun je hiervan leren ?

Het kan zijn dat sommige mensen niet in jouw bedrijf geloven,
ook vrienden en familie van je.
En de bank ook niet.

Denk je dat als ik beter kon verkopen,
dat ik dan meer investeerders had gehad ?

Ik weet zeker van wel.

Want of je nou een idee hebt (zoals een verzekering of belegging),
een dienst(administratie verzorgen)
of product(cadeaumokken).
Je moet het wel kunnen verkopen aan mensen.

Zodat ze klant bij je worden en
je geld verdient
door wat je voor hun doet.

Het is niet het einde van de wereld
ook al voelde het toen wel zo.

Ik kreeg de kans om wenskaarten te gaan verkopen,

namens een stichting.

En dat zou goede training zijn,

om als energieadviseur

aan het werk te gaan.

Want in de verkoop, heb je altijd werk.

Dus ik heb me ook weer ingeschreven bij de Kamer van Koophandel,

op 1 september 2015,

mijn tweede onderneming

genaamd Hajro.

En ik bleef setjes wenskaarten verkopen

namens die stichting.

En ik verdiende geld,

ik kreeg er een vergoeding voor.

Veel mensen waren veel aardiger dan ik had verwacht.

Ik heb daarvoor wel verkooptraining gehad.

Omdat de compagnons van die stichting uit elkaar gingen,

heb ik met de obrengst van mijn kaartenverkoop

een nieuwe stichting opgericht :
namelijk stichting Giveth Life.

Toen was er wat gedoe met de politie
over dat ik een vergunning nodig had om te collecteren
namens de stichting.

Je krijgt voor 2 weken per jaar, een vergunning om in gemeente
Doetinchem te kunnen collecteren.
Daar had ik weinig aan.

Dus ben ik namens mijn bedrijf setjes wenskaarten gaan
verkopen. Dat heet venten
en kun je zonder vergunning doen.

En dat doe ik nog steeds.
Zoals vandaag,
waar ik je aan het begin van dit boek
over heb verteld.

En misschien werd het ook tijd voor weer eens een nieuw boek.

Wat denk jij ?

Het is pas mijn 14de boek.

(Je leert straks in boek Double your Profits,
ook om jouw boekjes te schrijven en te publiceren.
Zodat jij en je onderneming wat bekender worden,
je mensen helpt door informatie te delen,
en je er wat aan verdient.)

In het begin leerde ik het belangrijkste
van ondernemen.

Dat is VERKOPEN.

Want ook al ben je een timmerman,
je moet eerst aan een mens verkopen
dat jij de aangewezen persoon bent
om zijn tuinhuisje in elkaar te timmeren.
Daarna pas kun je je vakwerk doen(het timmmeren).

Door de verkoop,
komt er geld je onderneming binnen.

Zoals Zig Ziglar zegt :
Only selling contributes to profit,
everything else contributes to cost.

Maar jah,
ik was ook erg eigenwijs.
En ik wou een grote, mooie
grandioze internetwinkel.

En ik moest wat hebben,
voor als de wenskaarten minder goed zouden verkopen.

Omdat de nieuwe generatie minder traditioneel is,
dan de oude generatie. Die regelmatig een

kaartje sturen. Op zijn minst
voor verjaardagen en voor
kerst & nieuwjaar.

Dus ik had een ander product nodig,
dat ik makkelijk kon meenemen
en dat mensen vaak gebruiken.

Dat werd de cadeaumok,
want mensen blijven wel hun koffie of thee
uit een mok drinken.
En het is ingepakt als een cadeautje,
dus je kan het ook cadeau geven.

Probleem opgelost.

Dus ik ging verder met het bouwen van
mijn grandioze winkel.

Oh ja....
Ik had dus 1000 mokken, 1000 pennen en 1000 aanstekers
laten bedrukken met mijn logo & besteld.

Met achteraf betalen,
terwijl ik het geld er toen niet voor had.

Ik dacht,
ik blijf gewoon verkopen en
betaal ze in termijnen
iedere maand een beetje.

Maar die leverancier vond het lang duren,
schakelde een agressief incassobureau in,
dat me failliet wou verklaren
en het bedrag effe verdubbelde.

Dat was kut.

Ik was woest op dat bureau,
maar het was mijn eigen schuld.
Ik was verantwoordelijk.

Nou je zult het niet geloven,
maar ik werd gered door de Belatingdienst.

Ik kreeg een aantal keer wat geld terug,
en heb die leverancier betaald.
Gered door de Belastingdienst.

Ik heb tussendoor ook sets wenskaarten
voor verjaardagen lopen verkopen &

aan het einde van het jaar
wenskaarten voor Kerst & nieuwjaar.

Dus ik heb nog een aantal dozen met mokken staan,
maar de verkoop ervan gaat goed.
Mensen kopen iedere maand
een aantal cadeaubekers,
zoals we ze noemen.

Ik ging dus verder met het bouwen van
mijn grandioze winkel.
Wenskaarten voor verschillende gelegenheden,
met verschillende thema's.
Bedrukte kleding,
laptops uit china, beauty sets,
health sets, wenskaartabonnementen.

Het was nooit klaar,
steeds moest ik nog wat doen,
nog wat veranderen,
nog wat verbeteren.

In die periode verdiende ik minder,
want ik zat meer achter de comuter

dan achter klanten aan.

Nou toen ik het eindelijk klaar had,
had ik mijn websiteabonnement een maand niet betaald.
Ging mijn site offline,
en kocht iemand mijn domein : www.hajro.nl

Dat ook op mijn flyers en visitekaartjes staat.

Dat was zwaar kut.

Het kost tijd en geld,
om een nieuwe website te maken en
nieuwe flyers en visitekaartjes te laten drukken.

Ik heb wat tijdelijke websites gemaakt,
en uiteindelijk de website bij mijndomein.nl
die we nog steeds hebben.
En die het godzijdank goed doet.

Het is natuurlijk www.hajrobv.nl geworden.

Het is minder uitgebreid dan vroeger,
maar goed ik had besloten om alleen Hajro producten te

gaan verkopen.

En geen aloe vera en andere meuk van andere mensen.

Als onderneming hebben we sinds het begin gedoneerd

aan 20 Goede Doelen.

Het is onze verantwoordelijkheid om bij te dragen

aan een betere regio.

Daarom vragen we ook niks terug voor onze donaties.

En we steunen tegenwoordig meer dan 40 Goede Doelen.

En jij ook, door dit boek te kopen.

Bedankt.

Het is nou bijna 2 uur 's nachts.

En ik ben een boek aan het schrijven,

dat jij nu leest.

Misschien vind je dat vreemd,
of raar.

Je kunt er ook respect voor hebben.

Jij leert straks ook
om door te werken.
Om lange dagen te maken.
Om opnieuw te beginnen.
Om 6 dagen achter elkaar te werken.
Om 7 dagen achter elkaar te werken.

Ik wil toch een grandioze internetwinkel
zoals Amazon en Bol.com

en veel mensen die bij me bestellen.

Maar ik heb maar 2 bestellingen gehad,
in de afgelopen 3 jaar.

Mijn vroegere vrienden en mijn familie
kunnen toch wel bij me iets kleins bestellen ?
Maar dat is niet gebeurd.

Je zult teleurgesteld worden.
En dat voelt kut of klote of hoe je het ook omschrijft als je baalt
en teleurgesteld bent en negatieve emoties ervaart.

Maar zoals Jim Rohn zegt :
Learn to discipline your disappointments.

Dus je gaat er niet om zitten janken,
en zet door.

Ik heb nou al 3 keer beschreven hoe kut
en klote het was.

Ik wil je Niet ontmoedigen.

Het tegenovergestelde.

Je moet je eigen bedrijf starten en
en ik denk dat je het kan.
Ik denk dat je het succesvol kan maken.

Zoals de titel van dit boek al aangeeft,
gaat dit over je eigen bedrijf starten en succesvol maken,
in de keiharde realiteit.

In het begin zul je winig verdienen...
of in ieder geval minder dan je laatst verdiende loon.

Je zult dan wel door moeten zetten,
blijven geloven in jezelf en wat je doet.
Vooral doorzetten.

In januari 2016 had ik 9 sales gemaakt.
Dat is 45,- euro aan winst

45,- euro aan inkomsten in de hele maand.

Wat had jij gedaan ?

In de volgende maand ?

Nou ik heb doorgezet.

In februari 2016 had ik 25 sales en kreeg 100 euro,

dat is in totaal 225,- euro aan inkomsten voor de hele maand.

Wat had jij gedaan, de maand erop ?

Werk gezocht.....

Iets anders gaan doen ?

Ik heb doorgezet.

Vorige maand,

september 2018 had ik 103 sales

x 5 = 515,- euro winst plus

37,- euro royalties van mijn boeken.

In totaal 552,- euro

Wat had jij gedaan, de maand daarna ?

Ik zet door,

en dat ga jij straks ook doen.

Ik ga de tijd dat ik aan het verkopen ben verdubbelen,
dan verdubbel ik ook mijn sales en dus mijn winst
en inkomen.

Als ik 103 sales heb gemaakt door 4 uur per dag
te werken, dus halve dagen.
Dat is 5 dagen er week keer 4 uur is
20 uur er week keer 4 weken is
80 uur.

In 80 uur verkopen heb ik 103 sales gemaakt.
En 515,- euro verdient.
Dus als ik mijn verkooptijd verdubbel,
naar 8 uur per dag.
Dus 160 uur verkoen per maand,
dan maak ik 2016 sales en dus
1030,- euro winst.

Daarna kan ik 180 uur er maand gaan verkopen
om nog meer te verdienen.
En hoe meer ik studeer (ja ik lees boeken over verkopen & dat ga
jij ook doen. Verplicht)

en hoe meer mensen ik spreek en hoe meer ervaring ik
krijg met verkopen. Hoe meer sales ik ga maken.

Om uiteindelijk een team te bouwen van verkopers,
om de sales & winst te vertienvoudigen.
Of verhonderdvoudigen.

Omdat we in de realiteit leven,
willen sommige verkeerde mensen jou

van je geld af helpen.

Dus vervang de sloten van je voordeur en je achterdeur.
Koop 2 camera's,
eentje om je voordeur in de gaten te houden en
eentje om je achterdeur in de gaten te houden.
Koop een goede internetbeveiliging
zoals Kaspersky of Bitdefender,
met een extra module voor
veilig internetwinkelen en veilig internetbankieren.

Er zullen een aantal mensen in je geloven
en er altijd voor je zijn.

Die kun je vaak op 1 hand tellen.
Omdat je 5 vingers hebt op 1 hand.

Heb je ongeveer 5 supporters.

Dat kunnen best je pa, ma
broer of zus en nog iemand zijn.

Koester deze gouden mensen.

Toon waardering en geef ze
geld en cadeautjes.

Want de rest van de wereld interesseert het weinig
of jij vandaag te eten had.

Ik ben al over het breakeven punt heen.
Wanneer je meer winst dan kosten hebt.

Maar het heeft ongeveer 3 jaar geduurd.

Nou je dat weet,

kun je er voorbereid op zijn.

En blijf vooral doorzetten.

Wat ze ook tegen je zeggen.

Als je gaatjes hebt en vlekjes

en stroom voelt en statisch bent.

Doe aangifte bij de politie.

Dat zijn manieren,
hoe verkeerde mensen je van je geld afhelpen.

Hopelijk helpt dat stukje over beveiliging,
dat soort dingen voorkomen.

Ook al zijn er dalen,
ondernemen is geweldig.

Je hebt vrijheid.

En verkopen is het beste beroep

dat er is.

Het gevoel als je een sale maakt is geweldig.

En je klant met jouw pproduct in de handen en een

big smile op 't gezicht

is echt super.

En helemaal omdat je samen Goede Doelen steunt

en iets goeds doet.

Zie je,

het is veel meer dan een setje kaarten of een mok verkopen.

To be continued

Wordt vervolgd.

Kijk je al uit naar het 2de deel ?

Ik wil je graag het boek op de volgende pagina's cadeau doen.

Het helpt je om te relaxen,

als je ontspannen bent

ben je productiever en maak je meer sales

en meer winst.

Het Recept voor Geluk

Er is een boek geschreven over een waar gebeurd verhaal...
Een man die in een concentratiekamp zat ten tijde van Hitler,
en gelukkig was.

Dus,
geluk heeft Niks te maken met jouw omstandigheden.

Het heeft alles te maken met,
jouw keuze om gelukkig te zijn,
ongeacht omstandigheden.

Kies ervoor om gelukkig te zijn.

Natuurlijk zijn er mindere periodes in het leven,
zoals wanneer iemand waar je van houdt,
overlijdt.
Dat hoort bij het leven.
En periodes van verdriet met je gewoon verwerken.

Verwerken doe je het beste door erover te praten,
je hart te luchten, regelmatig.

Door erover te schrijven,

als je een situatie of je gevoelens erover opschrijft,
dan staat het op papier,
en zit het minder in je hoofd.
Schrijven is een goede uitlaatlep.

Verwerken doe je ook goed door :
bezig te blijven.
Of dat nou in je werk of je hobby is.
Ze zeggen : een rollende steen vergaart geen mos.

Dus blijf bezig....

Oke, een goede les geleerd om negatieve ervaringen
beter te verwerken.

Maar je bent hier voor het Recept voor Geluk, toch ?

Nou, de les hiervoor helpt je om het Recept beter voor je te
laten werken.

Hier komt ie dan...

Je leest vast wel 's een lokaal krantje,
en je kijkt vast regelmatig naar het journaal

(het dagelijkse nieuws op tv)

Is je al opgevallen dat het voor 99% Slecht nieuws is ?
Alleen maar ellende..
Als je niet beter wist,
zou je denken dat de hele wereld aan het vergaan is.

Als het voor jou een gewoonte is,
om dagelijks een half uurtje naar het journaal te kijken...

Heb je er wel's bij stil gestaan of dat wel gezond is ?
Word je er gelukkig van ?

Natuurlijk Niet !

Het makkelijkste verander je een gewoonte
door het te vervangen met een nieuwe gewoonte.

Dus vanaf vandaag ga jij
in plaats van dagelijks een half uurtje
naar de wereldellende op het journaal te kijken...........

Een half uurtje per dag naar COMEDY kijken.

Verplicht.

Iedere dag.

Nou is half 8 in de avond geen nieuwstijd,
maar Comedy tijd.

Als je naar comedy kijkt,
ontspan je &
lach je.

Klinkt al gezonder, vind je niet ?

Nou, iedere dag lachen is makkelijk te doen, toch ?

En je oude slechte gewoonte vervangen,
met een leuke, gezonde nieuwe gewoonte,
is ook makkelijker dan je had gedacht.

Behalve dat ontspanning goed voor je is,

maakt wanneer je lacht,

jouw lichaam endorfines aan.

Dat zijn natuurlijke geluksstofjes.

Nou, je hebt na 21 dagen,

een nieuwe gewoonte gevormd.

<u>Dus kijk iedere dag Comedy.</u>

Je kan veel standup comedy op Youtube, gratis kijken.

Simpel ?

Zeker, maar je moet het wel even doen,

iedere dag,

totdat je er niet meer over na hoeft te denken,

en je het automatisch gaat doen.

Even wat Geluksingredienten op een rij :

–   Kijk iedere dag comedy, minimaal een uur

- Eet ijs, trakteer iemand op een ijsje

- Ga sporten, lekker van je afslaan met tennis of lekker hardlopen

- Pis in de tuin
(en als je een boete krijgt voor wildplassen, dan lach je je helemaal stuk)

- Maak je geen zorgen, het leven is te kort daarvoor
(door bezig te blijven, heb je geen tijd om je zorgen te maken)

- Knuffel mensen waar je van houdt

- Ga gezellig een kopje koffie drinken

- Neem een kat of een ander huisdier

- Als je geld ontvangt, spaar gelijk een deel ervan

- Laat je niet bang maken door de media,
de wereld wordt niet slechter, de wereld wordt steeds beter.

- Sex, need I say more
(als je sex hebt maak je ook endorfines = geluksstofjes aan)

Misschien is het Recept anders dan je had verwacht,

maar daar gaat het niet om,

het gaat erom dat het werkt &

jou helpt gelukkiger te leven.

Doe het,

het is makkelijker

dan zuur te kijken.

Als je dit een goed boek vindt,
wil je dan zo vriendelijk zijn
om het aan te raden
bij mensen die jij kent.

Zodat ook zij ermee vooruit worden geholpen.

Dank je.

Previeuw Bouw Jouw Fortuin

het Betaal jezelf eerst principe

Het betaal jezelf eerst principe.

Het betekent dat wanneer je jouw geld ontvangt,
je eerst jezelf betaalt door bijvoorbeeld een tiende opzij te zetten.

Om het resultaat hiervan te verduidelijken,
maken we een voorbeeld berekening.

Je verdient bijvoorbeeld 3000,- euro per maand.
En je betaalt jezelf eerst,
oftewel : je zet een tiende (10%) van je inkomen opzij.
Dus 300,- euro per maand.

Het jaar heeft 12 maanden,
dus na 1 jaar heb je (12 x 300) = 3600,- euro.
Na 1 jaar heb je een heel maand salaris opzij gezet.

Als je iedere maand een tiende opzij zet,
hoeveel heb je dan na 10 jaar ?

(3600 x 10) = 36000,- euro.
Dus na 10 jaar heb je 36000,- euro
oftewel een heel jaar salaris opzij gezet.

Verderop in dit boek : Bouw jouw Fortuin,
ziet u hoe u dat bedrag dat u maandelijks opzij zet.

Harder kunt laten groeien.

Previeuw Bouw Jouw Fortuin

<u>10 % van alles</u>

Het is belangrijk dat wanneer je eerst jezelf betaalt,
door 10 % opzij te zetten.
Dat je 10 % van alles opzij zet.

Natuurlijk 10 % van je inkomen.

Maar ook 10 % van de fooi als je die krijgt,
ook 10 % van je toeslagen,
ook 10 % van je cadeaugeld,
ook 10 % van je 13de maand,
ook 10 % van je bonus,
ook 10 % van je loonsverhoging,
ook 10 % van je belasting teruggaaf,
ook 10 % van je welkomstpremie.

Vanuit welke hoek of van wie dan ook je geld ontvangt,
het eerste wat je doet is jezelf eerst betalen.
Door een tiende ervan opzij te zetten.

Einde previeuw

Voor meer informatie over dit boek , ga naar onze verbeterde
website : www.hajrobv.nl

Previeuw boek Moneymaker

Moneymaker 3.

de bijbel voor ondernemers, geschreven door een ondernemer.
Dus jouw dagelijkse kost.

Nee, het gaat niet over GOD.

Er staat, geschreven door een ondernemer.....

JIJ LEEST ALLEEN MAAR BOEKEN DIE GESCHREVEN
ZIJN DOOR MENSEN DIE EEN EIGEN BEDRIJF HEBBEN !!
Begrijp je dat ?

Zo voorkom je dat je geest voedt met BULLSHIT.
En dat je BULLSHIT gaat modelleren.
Dus bespaar je jezelf tijd en geld.

Ok, dan even over die Ondernemersbijbel.
Het heet No Excuses, the Power of self discipline En is
geschreven door Brian Tracy

En ja die heeft een eigen bedrijf. Anders stond zijn naam hier
Niet.

Het komt toch op zelf discipline neer.
En zelf discipline maakt dat jij je heel erg Goed voelt over jezelf.

Als je gaat sporten bijvoorbeeld, terwijl de meeste mensen tv aan
het kijken zijn.
Als je op zaterdag werkt, terwijl de meeste mensen weekend
houden.
Als je op zondag een stap zet richting het bereiken van je doelen.

Bovenstaande 3 voorbeelden, vereisen zelf discipline van jou.

Maar over 1, 3, 5 jaar waar sta jij dan ?

En waar de meeste mensen ?

Wel's een dag gewerkt met pijn omdat je tanden afgebroken
waren ?
Wel's gewerkt met 2 uurtjes slaap, de nacht ervoor ?
Wel's gewerkt zonder te hebben geslapen, de nacht ervoor ?

Het was vast makkelijker om toen, tv te gaan kijken.....

Maar dan zou ik nou voor jou een Bullshitter zijn,
en niet iemand die je respecteert.

Oh jah, koop de ondernemersbijbel. NU.

Previeuw boek Moneymaker

Moneymaker 2.

Twee dingen waar je dagelijks je tijd aan MOET besteden

Welke 2 zijn dat ?

Tv kijken en op Facebook zitten ?

Zonder BULLSHIT, dus :

SALES & DIRECT MARKETING

Als je iets verkoopt (sales), dan komt er winst binnen.

Als je goed wordt in (direct marketing), dan komt er winst binnen.

Met marketing bespaar je jezelf tijd tijdens het verkopen.
Je hoeft tijdens je presentatie niet uit te leggen wie je bent en wat je onderneming doet.

Hoeveel uur per werkdag besteed Jij aan sales ?

Hoeveel uur per werkdag besteed Jij aan Direct Marketing ?

WAT GEBEURT ER ALS JE ALLEEN MAAR JE TIJD BESTEEDT AAN SALES & DIRECT MARKETING ??

Heb je dan meer winst en dus meer geld ?

Einde previeuw

Voor meer info over dit boek van mij, ga naar www.hajrobv.nl

Kleine introductie met oprichting Hajro

Hajro zet zich in voor de mensen in provincie Gelderland,
door mensen aan het werk te houden,
door te doneren aan Goede Doelen,
en door jou te helpen om rijker te leven.

Tegenwoordig is Hajro
een dochteronderneming van Hajro Groep.

De Hajro Groep bestaat uit 20 verschillende ondernemingen,
die allemaal deel uit maken
van 1 overkoepelende organisatie.

We hebben nou verschillende producten & diensten,
en we steunen meer dan 40 Goede Doelen.

Bezoek ons op www.hajrobv.nl

en ontdek wat we nog meer voor jou kunnen betekenen.

Hopelijk word je een lovende klant van ons.

Ik wens je in ieder geval

veel voorspoed & geluk.

Met vriendelijke groeten,

Jasmin Hajro

Hajro
Ottawastraat 19
7007 BC
   Doetinchem,
the Netherlands
KvK : 65686306

www.hajrobv.nl

amazon.com/author/jasminhajro

Aangeraden om te lezen :

de Ultieme Winnende Strategie voor ondernemers- J. Hajro
Moneymaker- Jasmin Hajro
Double your profits – Jasmin Hajro
Bouw jouw Fortuin – Jasmin Hajro

21 great ways to become a sales superstar- Brian Tracy
the Psychology of selling – Brian Tracy

How to sell yourself- Joe Girard

Alle boeken over verkopen,
Maar alleen van auteurs die een eigen bedrijf hebben.

www.ingramcontent.com/pod-product-compliance
Lightning Source LLC
Chambersburg PA
CBHW021045180526
45163CB00005B/2294